仲間づくり・
体づくりに役立つ **BEST 55**

一般社団法人
鬼ごっこ協会【著】

いかだ社

Contents

第1章 鬼ごっこを楽しむ

- みんなで楽しめる鬼ごっこ…………5
- ご先祖様たちも遊んでいた鬼ごっこ…………6
- 鬼ごっこを楽しむ場所や遊び方…………7
- 鬼ごっこを楽しむための10か条…………8
- 鬼決めいろいろ…………8

仲間づくりに役立つ28

- おいかけっこ鬼…………10
- へらし鬼…………12
- ふやし鬼…………14
- かくれんぼ…………16
- 色鬼…………18
- 高鬼…………20
- 氷鬼…………22
- バナナ鬼…………24
- 地蔵鬼…………26
- だるまさんがころんだ…………28
- 帽子鬼…………30

- 影ふみ鬼…………32
- 手つなぎ鬼…………34
- ドロケイ…………36
- ハンカチ落とし…………38
- はないちもんめ…………40
- フルーツバスケット…………42
- ものまね鬼…………44
- キズ鬼…………46
- レンジ鬼…………48
- 島鬼…………50
- 丸鬼…………52
- だるまさんのものまね…………54

★★★
- 目かくし鬼…………56
- 線鬼…………58
- ところてん鬼…………60
- 問答鬼…………62

★★★★
- 整列鬼…………64

★は難易度を表しています

第2章
鬼ごっこはスポーツだ

鬼ごっこはスポーツの原点…………67
陣取り鬼ごっこをマスターする…………68
鬼ごっこが楽しくなるための影練…………69
鬼ごっこで仲間づくり、コミュニケーション…………70
鬼ごっこで体力アップ！…………71
鬼ごっこの達人になるための10か条…………72
チーム分けいろいろ…………72

体づくりに役立つ27

★

リレー鬼…………74
背中タッチ鬼…………76
ドンじゃんけん…………78
通り抜け鬼…………80

★★

じゃんけん鬼…………82
しっぽ取り…………84
ライン鬼…………86
スキップ鬼…………88
ダンス鬼…………90

★★★

ボール当て鬼…………92
釜鬼…………94
缶けり…………96
田んぼ…………98
ネコとネズミ…………100
囲い鬼…………102
対戦型しっぽ取り…………104
対戦型子とろ子とろ…………106

★★★★

六虫…………108
巴鬼…………110
アスレチック鬼…………112
ひまわり…………114
宝取り鬼…………116
宝集め…………118
宝探し鬼ごっこ…………120

★★★★★

Sケン…………122
戦略鬼…………124
巴陣取り…………126

第1章

鬼ごっこを楽しむ

仲間づくりに役立つ28

大人の方へ

　鬼ごっこは、子どもたちに最もよく知られている遊びです。幼い頃、友だちができて初めて一緒にした遊びが鬼ごっこだった、という思い出をお持ちの方は多いのではないでしょうか。本書では、たくさんある鬼ごっこの中から、どんな子どもたちでも楽しめるようなルールや目的のものを集めています。

　子ども時代には多様な遊びや運動によって体を動かすことが、健全に育っていくために大切だと言われています。学習指導要領の小学校低学年の頃には、鬼ごっこ（鬼遊び）の重要性が項目として取り上げられているほどです。鬼ごっこのよさは、道具をあまり必要とせず、さまざまな場所で行なえること。そして最も大きな魅力は、鬼ごっこの言葉や体を使ったコミュニケーションを通じて、仲間づくりができることにあります。

　第1章では、休み時間や授業の中でできる、やさしくわかりやすい28種類の鬼ごっこを選びました。異年齢の子どもたちが一緒に楽しめるように、年齢や状況に合わせてルールを変えたりアレンジを加えたりするヒントも紹介しています。ぜひいろいろな種類に挑戦して、鬼ごっこ遊びをマスターしましょう。

みんなで楽しめる鬼ごっこ

　鬼ごっこは、小さな子からお年寄りまで、だれもが遊んだことがある大人気の遊びです。学校の校庭や公園の原っぱ、みんなが住んでいる町の中など、いろいろな場所で友だちと手軽に楽しめるのですから、まさに遊びの王様と言えます。

　最近はテレビゲームや遊園地で遊ぶ人が増えて、昔に比べて鬼ごっこで遊ぶ機会が減ってきています。でも、鬼ごっこをするとたくさんの人と触れ合うことで友だちが増え、楽しみながら体を動かすことで元気にもなれます。

　また、鬼ごっこの種類も本当はすごくたくさんあって、一説によると数千種類が日本全国にあると言われています。この本ではそのすべてを取り上げることはできませんが、みんなが楽しめるような鬼ごっこを厳選して紹介しています。ぜひ、たくさん覚えてお友だちと遊んでもらえたら嬉しく思います。

ご先祖様たちも
遊んでいた鬼ごっこ

　鬼ごっこはたいへん古くからある遊びで、1300年以上昔から日本では存在しています。いろいろな説があり、平安時代くらいからとも言われています。かつては日本各地の神社やお寺などで、社会の平和を願い、お米や野菜がたくさん実るようにお願いごとをする儀式として、「鬼ごっこの原型」となるものが行なわれていました。

　最も古い鬼ごっこの一つが「子とろ子とろ」と言われています。この遊びは役割分担が決まっています。たて1列に並び、先頭が「親」、親の後ろにいる人たちが「子」、そして列に向き合っている人が「鬼」です。ルールは、列の一番後ろの子に鬼がタッチしたら鬼の勝ちというもので、親はタッチされないように子を守ります。とてもスリリングで、ハラハラしながら遊べる鬼ごっこです。親と子が助け合うことで仲よくなることができます。

　昔から、鬼ごっこは友だち同士が楽しく遊び、仲よくなるためにも行なわれてきたのですね。

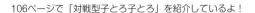

106ページで「対戦型子とろ子とろ」を紹介しているよ！

鬼ごっこを楽しむ場所や遊び方

　道具があまり必要なく、少しの人数と広さがあれば楽しめるのが鬼ごっこの魅力です。

　では、鬼ごっこはどんな場所で、どんな遊び方をすればいいのかを紹介したいと思います。まずは、みんなが通っている学校の校庭です。校庭には、いろいろな遊具が置いてあり、大きな木や草花が茂っているところもありますね。それらの遊具や草花をうまく利用してかくれんぼをしたり、高いところを利用して危なくないように高鬼などで遊んでみましょう。

　他には、みんなの家や学校の近くにある公園も大切な遊び場です。公園にも遊具があり、かくれ場所となる茂みがたくさんあります。ただ、公園には自分たち以外にもお年寄りが休んでいたり、犬の散歩をしている人がいますから、お互いが気持ちよく公園を使えるように遊びましょう。

　校庭や公園以外では、スポーツ施設や自動車の通りがない空き地でも遊ぶことができますね。ぜひ、みんながそれぞれ最高の遊び場所を見つけて、安全に楽しんでもらいたいと思います。

6条　遊べる場所をたくさん見つけるべし
7条　本気で勝負に挑むべし
8条　ずる賢く頭を使うべし
9条　反則はしないで正々堂々と楽しむべし
10条　誰よりも楽しむ気持ちを持つべし

鬼決めいろいろ

鬼ごっこには欠かせない役割で、主役と言ってもいいでしょう。だれがなるのか、ドキドキしながら決めよう！

① じゃんけん

体力や年齢に関係なく、みんなが知っているじゃんけんで鬼を決めよう。じゃんけんに勝った人か負けた人が鬼になろう！

② この指とまれ

だれかが「この指と〜まれ！」と言って人さし指を出します。遊びたい人はその人さし指をかるくつかみます。最後にとまった人が鬼になります。早くつかみにいこう！

鬼ごっこを楽しむための10か条

1条　鬼ごっこの歴史・文化を学ぶべし

2条　体力をつけて全力で勝負するべし

3条　一緒に遊ぶ友だちを大切にするべし

4条　たくさんの種類の鬼ごっこを知るべし

5条　いろいろな年齢の友だちを仲間にするべし

③ 手を上げよう

鬼をやりたい人は、元気よく「はい！やりたい！」と言って自分から積極的に鬼になろう。やりたがらない人もいるので、ムードメーカーになって遊びを盛り上げよう！

④ 早く座ろう！

一緒に遊ぶ友だち同士で、だれかが掛け声を言ったら、みんながしゃがんで、最後にしゃがんだ人が鬼になります。

| 人数 | 鬼：1人〜　　子：複数 |

おいかけっこ鬼

「鬼を決める。鬼から子が逃げる。最初につかまった子が次の鬼になる」という、もっとも基本の鬼ごっこです。

基本の遊び方

鬼始め●鬼が10数えたらスタート

① 鬼と子を決めます。
② 鬼は子を追いかけ、子は鬼から逃げます。
③ 鬼が子をつかまえたら、つかまった子が次の鬼になります。

なかなかつかまらないときは、鬼をふやすといいよ

レベルアップ

❶ 逃げる・追いかけることで自然と走りだします。体を動かす楽しさを感じよう。

❷ つかまらないように、つかまえられるように、工夫しながら遊ぼう。

アレンジ1　ルールを工夫する

異年齢でやるときは「なるべく同じ学年をつかまえる」ルールでやってみよう。

気をつけよう
- 他にも逃げている人がいます。まわりを見てぶつからないようにしよう。
- 範囲を決めてやろう。

低学年や幼児と遊ぶときは
- まずは先生（高学年）が鬼をやるとよいでしょう。

人数　鬼：1人〜　　子：複数

へらし鬼

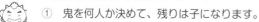

鬼は子をつかまえて、どんどん子をへらしていく鬼ごっこです。

基本の遊び方

鬼始め●鬼が10数えたらスタート

① 鬼を何人か決めて、残りは子になります。
② つかまった子は、その場にしゃがむなどして、つかまったことがわかるようにします。
③ 子がだれもいなくなるか、決めた制限時間までやって勝敗を決めます。
　子がいなくなれば鬼の勝ち。時間切れなら子の勝ちです。

❶ 逃げる・追いかけることで自然と走りだします。
体を動かす楽しさを感じよう。
❷ つかまらないように、つかまえられるように、工夫しながら遊ぼう。

復活できるようにする

つかまっても、何回か復活できるようにするとおもしろいよ。

鬼の数を変える

メンバーの学年や人数に合わせて鬼の数を変えてみよう。

気をつけよう
- 他にも逃げている人がいます。まわりを見てぶつからないようにしよう。
- 範囲を決めてやろう。

低学年や幼児と遊ぶときは
- 鬼の数をふやして、回数を多くやるとよいでしょう。

人数　鬼：1人〜　　子：複数

ふやし鬼

鬼にタッチされた子も鬼になって子を追いかけます。
鬼がどんどんふえていく鬼ごっこ。へらし鬼（p12）の逆バージョンですね。

基本の遊び方

鬼始め●鬼が10数えたらスタート
① 鬼と子を決めます。
② 鬼は子を追いかけ、鬼にタッチされたらその子も鬼になります。
③ 全員が鬼になったら終わりです。

タッチされた子は鬼になる

❶ すぐに終わってしまう鬼ごっこなので、鬼も子もみんな一生懸命走ると楽しくなるよ。

❷ 鬼どうしの連携が大事だよ。うまくコミュニケーションをとりながらやろう。

時間を決めて、時間内に全員が鬼になるか、だれかが逃げきるかのルールにしてもおもしろいよ。

気をつけよう
- 他にも逃げている人がいます。まわりを見てぶつからないようにしよう。
- 範囲を決めてやろう。

低学年や幼児と遊ぶときは
- スタートのときは鬼を少しふやしてやるとよいでしょう。

人数　鬼：1人〜　　子：複数

かくれんぼ

かくれんぼも古くから遊ばれている鬼ごっこの1つです。
鬼に見つからないようにかくれ、見つかったら鬼を交代します。

基本の遊び方

鬼始め●鬼が10数えたらスタート

① 鬼が10数えている間に、子はそれぞれかくれます。
② 鬼が数え終わったら、子はつかまらないようにかくれながら逃げます（移動してもOK）。

> かくれる場所がたくさんあるとおもしろい

③ 鬼が全員を見つけたら、最初に見つかった子が鬼になります。

> 鬼の注意をひくために、少し声を出してみよう

❶ 鬼も子も集中していないとすぐに相手の動きを見のがしてしまうよ。よく見ようね。
❷ どの角度なら見えないかを考えながらやろう。空間をうまく使う力がつくぞ。

アレンジ 1
1人をみんなで見つける

鬼みんなで1人の子を見つけるというアレンジもおもしろいよ。

アレンジ 2
場所を変える

やる場所を変えるだけで楽しさが変わるので、校庭の他いろんな公園などでやってみよう。

気をつけよう
- だれがかくれているか把握しておこう。
- 広がりすぎないようかくれんぼをやる範囲を決めよう。
- 範囲以外のところにかくれたりしないようにしよう。

低学年や幼児と遊ぶときは
- 最初は大人（高学年）が鬼をやるとよいでしょう。
- 何人か鬼がいるとおもしろくできます。
- 低学年などなかなか見つけることができない場合、鬼をふやすのもよい。

人数　鬼：1人〜　　子：複数

色鬼

鬼が色を言い、その色にさわっている間はつかまらないというルールです。
鬼は子が色を探している間につかまえます。

基本の遊び方

鬼始め●鬼が10数えたらスタート
① 鬼と子を決めます。
② 鬼は色を言い、子はその色の物を探してさわります。
③ 色を探している間に鬼がタッチしたら、鬼を交代します。

ちがう色をえらんだらつかまるぞ

見つけやすい色、見つけにくい色、どちらも楽しい

❶ どこにどんな色があるか、まわりをよく観察しよう。
❷ 何色にするとおもしろくなるか、想像すると楽しいね。

アレンジ 1 色の数を変える

色を複数にすると見つけやすいよ。

気をつけよう
- 範囲を決めてやろう。
- まわりをよく見てぶつからないようにしよう。
- そこにない色を言わないこと。

低学年や幼児と遊ぶときは
- わかりやすい色にしてあげましょう。

色鬼

| 人数 | 鬼：1人〜　子：複数 |

高鬼

高いところにいる間はつかまらない、
安全地帯がある鬼ごっこです。スリルもあるぞ。

基本の遊び方

鬼始め● 鬼が10数えたらスタート

① 鬼と子を決めます。
② 子は、少しでも地面から高いところに逃げればタッチされません。
③ 同じ場所にいられる時間を決めておき、時間内に別の高いところに行かなければなりません。
④ 鬼に最初にタッチされた子が次の鬼になります。

高いところがたくさんある場所でやると楽しい

同じ場所は10秒以内とするのもおもしろい

レベルアップ ❶ 常にまわりを観察して高いところを見つけておこう。

アレンジ 1

高さに条件をつける

「ひざより上」など、高さを指定するのもおもしろい。むずかしくなるよ。

高鬼

鬼の数をふやしてもいいね

気をつけよう	低学年や幼児と遊ぶときは
●高すぎるところには上がらないようにしよう。あぶないからね。	●低いところにしか上がらないようにしましょう。

人数 鬼：1人〜　子：複数

氷鬼

鬼につかまると、つかまったときのかっこうで固まるのが特徴です。
他の子が助けてあげると復活できます。

固まるかっこうを考えるのも楽しい

基本の遊び方

鬼始め●鬼が10数えたらスタート

① 鬼と子を決めます。
② 鬼にタッチされた子は、そのときのかっこうでその場で固まります。
③ 逃げている子が固まった子にタッチすると、その子は復活します。
④ 時間を決めてこれをくり返していきます。

レベルアップ
❶ つかまった子がどこにいるか、常に確認するようにしよう。
❷ 仲間を助ける気持ちを忘れずに。
❸ 固まった子は声を出して助けを求めよう。コミュニケーションが大事だよ。

アレンジ1　助け方を変える

固まった子の股をくぐるなど、氷のとかし方を変えてみよう。時間がかかるのでスリルもあるよ。

アレンジ2　鬼の数を変える

子の数に合わせて鬼の数を変えてみよう。低学年だけなら少なめに、学年が上がるにつれてふやしていくといいね。

氷鬼

気をつけよう
● 範囲を決めてやろう。
● まわりをよく見てぶつからないようにしよう。
● 鬼は順番に交代するようにしよう。

低学年や幼児と遊ぶときは
● 最初は鬼の数を少し多めにして始めるとよいでしょう。

人数　鬼：1人〜　子：複数

バナナ鬼

鬼につかまった子がバナナの格好になるのが特徴です。
まわりの子はバナナの皮をむいて仲間を助けながら楽しもう。

基本の遊び方

鬼始め ● 鬼が10数えたらスタート

① 鬼が子をつかまえにいき、つかまった子はその場にとまります。

② つかまったら両手を上げ、手のひらを合わせてバナナの格好になります。

バナナの子は、声を出して助けを求めよう！

③ 逃げている子がバナナの皮をむいてあげると、バナナの子は復活することができます。

① つかまった子がいないか、まわりをよく見よう。
② バナナの子を助けにいくことで仲間意識がぐっと強くなるよ。
③ 逃げる子とバナナの子との間でコミュニケーションをとりあおう。

バナナを助ける人数を変える

2人の方がむずかしくなるよ。低学年は1人で、中学年以上は2人で助けるようにしよう。

鬼の数を変える

逃げる子の数に合わせて。低学年では鬼の数を少なめに、学年が上がるにつれてふやしてみよう。

気をつけよう
- 他にも逃げている人がいます。まわりを見てぶつからないようにしよう。
- バナナの皮になっている手を強く引っぱらないようにしよう。
- 範囲を決めてやろう。

低学年や幼児と遊ぶときは
- 鬼は大人（上級生）がやるとスムーズに進めやすくなります。
- つかまったらバナナになる、バナナになった子を助ける、というシンプルなルールだけを伝えます。

人数　鬼：1人〜　子：複数

地蔵鬼

鬼につかまった子はお地蔵さんになって固まります。
お地蔵さんの前で拝むポーズをして助けてあげよう。

お地蔵さんに
なりきって
助けを待とう

基本の遊び方

鬼始め●鬼が10数えたらスタート

① 鬼と子を決めます。
② 鬼につかまった子は、その場でお地蔵さんのポーズで固まります。
③ 逃げている子がお地蔵さんの前で拝むと、その子は復活できます。

拝むときも
真剣に

❶ お地蔵さんがどこにいるか、常に確認するようにしよう。
❷ 仲間を助ける気持ちを忘れずに。
❸ お地蔵さんは声を出して助けを求めよう。コミュニケーションが大事だよ。

ポーズや拝み方を考える

お地蔵さんのポーズ、拝むポーズをみんなで考えよう。拝む回数をふやすと難易度が上がるので高学年向けになるよ。

鬼の数を変える

子の数に合わせて鬼の数を変えてみよう。低学年だけなら少なめに、学年が上がるにつれてふやしていくといいね。

地蔵鬼

気をつけよう
- 範囲を決めてやろう。
- まわりをよく見てぶつからないようにしよう。
- 鬼は順番に交代するようにしよう。

低学年や幼児と遊ぶときは
- 鬼は大人（上級生）がやるとスムーズに進めやすくなります。
- お地蔵さんがどういうものかわからない場合は、ポーズをまねてもらうだけにします。

| 人数 | 鬼：1人〜　子：複数 |

だるまさんがころんだ

有名なかけ声で進める鬼ごっこ。
止まるポーズを考えるのも楽しいし、鬼と子のかけひきもおもしろいよ。

基本の遊び方

鬼始め●子の「はじめの一歩」でスタート

① 鬼を1人決め、子は鬼から離れてならびます。
② 鬼は木や壁を向いて腕に目を伏せ「だるまさんがころんだ」と大きな声で言います。その間に子は鬼に近づきます。
③ 鬼が言い終わり、ふり返ったときに動いている子がいたら、その子の名前を呼びます。
④ 名前を呼ばれた子は、鬼と手をつないでつながります。これをくり返します。
⑤ だんだん鬼に近づいていき、鬼と子のつないだ手を切ると、子はいっせいに逃げます。
⑥ 鬼が10数えたら子はストップ。鬼は大股で10歩くらい跳びながら子をつかまえます。つかまった子の中から次の鬼を決めます。

① 早く動いたりゆっくり動いたり走ったり。いろんな動作をしてみよう。
② 鬼もかけ声のスピードを変えるなどして、子とのかけひきを楽しもう。

場所を変える

やる場所を変えるだけでおもしろさも変わります。障害物が多い場所などいろいろなところでためしてみよう。

気をつけよう
● 範囲を決めてやろう。

低学年や幼児と遊ぶときは
● まずは見本を見せて、それをまねてもらうようにするとわかりやすいですよ。
● 大人（高学年）が鬼になり、かけ声をゆっくりかけてあげましょう。

| 人数 | 鬼：1人〜　子：複数 | 用意するもの | 赤白帽×人数分 |

帽子鬼

みんな帽子をかぶって鬼ごっこ。
鬼に帽子を取られたらその子も鬼になります。
鬼が赤、子は白にするとわかりやすいね。

基本の遊び方

鬼始め●鬼が10数えたらスタート
① 鬼と子を決めます。
② 全員、帽子をかぶります。
③ 鬼は帽子を取りにいき、取られた子は鬼になります。鬼がどんどんふえていくよ。

帽子の向きを変えて逃げるのもアリ

取った帽子はすぐ本人に返すよ

① 運動量の多い鬼ごっこなので体力がつくぞ。
② 鬼がふえたら、鬼は協力して帽子を取りにいこう。

つかまった子がへっていく「へらし鬼」にしてもよい。

気をつけよう
- ゴムやひも付きの帽子は、あぶないので首にかけないこと。
- 範囲を決めてやろう。
- まわりをよく見てぶつからないようにしよう。

低学年や幼児と遊ぶときは
- 大人（高学年）が鬼をやるとよいでしょう。

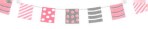

| 人数 | 鬼：1人〜　　子：複数 |

影ふみ鬼

タッチではなく影をふんでつかまえる鬼ごっこ。
ふだんあまり気にしない影に注目することで、
またちがった楽しみ方ができます。

基本の遊び方

鬼始め●鬼が10数えたらスタート

① 鬼と子を決めます。
② 鬼はタッチではなく影をふんで子をつかまえます。
③ 影をふまれた子も鬼になって続けます。

物陰に
一瞬逃げこむ
のもOK

影の長さや
向きを意識して

レベルアップ

❶ 影の長さや向きをうまくつかんで走ろう。
❷ 太陽の光など自然を利用した鬼ごっこなので、自然を意識するいい機会になるよ。
❸ 時間帯によって影の長さがちがうよ。太陽と影の関係がよくわかります。

アレンジ 1

時間帯を変える

1日の中で時間を変えてやってみよう。同じ公園でも影の長さや向きが変わるので、またちがったおもしろさがあります。

アレンジ 2

いろんな公園で

やる場所を変えるだけでもおもしろさが変わるよ。木やかくれるところの多い環境でやってみよう。

気をつけよう
● 範囲を決めてやろう。
● まわりをよく見てぶつからないようにしよう。
● 足をふまないようにね。

低学年や幼児と遊ぶときは
● 大人（高学年）が逃げる役になり、小さい子にふませるとおもしろくできます。
● 鬼が多くいる方が楽しくなります。

| 人数 | 鬼：1人〜　　子：複数 |

手つなぎ鬼

鬼にタッチされると手をつないで一緒に鬼になります。
どんどん長くなった鬼につかまらず逃げきれるかな。

基本の遊び方

鬼始め●鬼が10数えたらスタート
① 鬼と子を決めます。
② タッチされた子は鬼と手をつなぎ、一緒に他の子を追いかけます。
③ つながった鬼の数が多くなったら半分に分かれ、子がいなくなったらおしまい。

角に
追いこむのも
いいね

人数が多くなったら半分に分かれよう

❶ 鬼は協力しないとうまく動けないよ。声をかけあってチームワークよくやろう。

全員つながりで

広い場所があったら、全員がつながるまでやってみるのもおもしろい。うまく動けるかな？　鬼どうしのコミュニケーションがとても大事です！

手つなぎ鬼

長くなったら囲むようにするとつかまえやすい

気をつけよう
- まわりのじゃまにならないよう、範囲を決めてやろう。
- 鬼はつないだ手を無理に引っぱらないこと。

低学年や幼児と遊ぶときは
- ころぶとあぶないので、鬼はあまり長くつながりすぎないようにしましょう。

| 人数 | 鬼：複数　子：複数 |

ドロケイ

たいへん人気のある鬼ごっこ。地域によって呼び方がいろいろあります。
警察（鬼）と泥棒（子）に分かれ、牢屋に入ったり、
仲間に助けられて復活したり。ドラマのように楽しもう。

基本の遊び方

鬼始め●警察（鬼）が10数えたらスタート

① 警察（鬼）と泥棒（子）に分かれます。
② 牢屋を決めておき、泥棒は警察につかまったら牢屋に入ります。
③ 牢屋にいる泥棒に仲間がタッチすれば、牢屋の泥棒は復活できます。
④ これをくり返していきます。

警察は牢屋番をおくとおもしろくなる

泥棒は積極的に助けにいこう

❶ チーム戦に近いので、警察も泥棒もコミュニケーションをうまくとろう。
❷ とてもよい運動になるので、体力アップまちがいなし。

人数や牢屋を変える

泥棒と警察の人数、牢屋の形や大きさを変えながらやるとおもしろくなります。また、泥棒のアジトなどをつくっても楽しいね。

気をつけよう
- まわりのじゃまにならないよう、範囲を決めてやろう。
- 何度かチームがえをしよう。

低学年や幼児と遊ぶときは
- 警察の数を少し多めにするとよいでしょう。

| 人数 | 2チームに分ける | 用意するもの | ハンカチ |

ハンカチ落とし

レクリエーションでおなじみの鬼ごっこ。ハンカチをいつ落とされるかハラハラドキドキ。鬼と子のかけひきを楽しみましょう。

基本の遊び方

鬼始め ●鬼がハンカチを落としたらスタート

① 鬼を1人決め、子は全員が輪になって内側を向いて座ります。
② 鬼はハンカチを持ち、だれかの後ろに落とします。
③ 落とされたことに気づいた子は鬼を追いかけ、鬼に座られる前にタッチします。
④ タッチの前に鬼に座られたら、その子と鬼を交代して②から始めます。

まわりは気づいても 声もだしてはダメ

他の子は声を出さずにヒントをあげよう

⑤ ハンカチに気づかず、1周まわってきた鬼にタッチされるのもアウト。交代です。

鬼はここに座ろうとします

① 落とすフリをしたり、歩く速度を変えたり。鬼は表情も工夫しよう。
② 気づいたらすぐ立ち上がって追いかけるので、瞬発力がつくぞ。
③ 背中の気配やみんなの表情を読む力が身につくよ。

落とすものを変える

ハンカチをタオルに変えてやってみよう。落とすときの音が大きくなるよ。

ハンカチ落とし

鬼は早歩きで

鬼は走ってはいけないというルールでやると、鬼をつかまえやすくなるよ。

気をつけよう
● 走っている人は座っている人にぶつからないように逃げよう。

低学年や幼児と遊ぶときは
● だれに落とすかを決めてわかりやすくしてから始めるのもよいでしょう。

人数 2チームに分ける

はないちもんめ

昔からある鬼ごっこの１つです。
２チームがうたいながらほしい子を指名しあいます。
リーダーがじゃんけん勝負をして、仲間をふやします。

基本の遊び方

鬼始め●歌のうたい始めが鬼始め
① ２チームに分かれ、向かいあって横にならびます。
② 相手チームのほしい子を相談して決めておきます。
③ 「か〜ってうれしいはないちもんめ」「まけ〜てくやしいはないちもんめ」「○○ちゃんがほしい」「△△ちゃんがほしい」と、交互にうたいながら片足を上げ、片方が前に出ると片方は後ろに下がります。
④ リーダーどうしがじゃんけんをし、勝ったチームがほしい子を仲間にします。これをくり返します。

❶ みんなで動きや歌をそろえるのが大事だよ。チームワークよくやろう。

はないちもんめ

「相談しましょ」「そうしましょ」の後に、じゃんけん！

気をつけよう
● 同じ子ばかり指名せず、毎回ちがう子を指名しよう。

低学年や幼児と遊ぶときは
● かんたんな歌にするとよいでしょう。

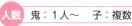

| 人数 | 鬼：1人〜　子：複数 | 用意するもの | イス×子の人数分 |

フルーツバスケット

イス取りゲームの一種です。子は果物を割り当てられてイスに座り、鬼が果物の名前を言ったら、その果物の子は移動します。鬼がその間にイスに座れば、鬼を交代します。

> いろんな種類の果物があるといいね

基本の遊び方
鬼始め ● 鬼が果物の名前を言ったらスタート

① イスを円形にならべ、鬼と子を決めます。
② 子はいくつかの種類の果物になります。
③ 鬼が果物の名前を言ったら、その果物の子たちはイスを移動します。
④ 子が移動している間に鬼はあいているイスに座ります。
⑤ 座れなかった子が次の鬼になります。

❶ 果物を言われたらすぐに反応するよ。瞬発力と判断力が身につくね。

果物以外にも

野菜や動物など、果物以外のものでもやってみよう。

気をつけよう
- みんながわかるものを選ぼう。
- いっせいに走りだすので、ぶつからないようにしよう。

低学年や幼児と遊ぶときは
- 少ない種類でやるとよいでしょう。

| 人数 | 鬼：1人　子：複数 |

ものまね鬼

なりきりものまね鬼ごっこです。
恥ずかしがらずに、指定されたお題になりきって遊ぼう。
その方がぐんと楽しくなるよ。

> 同じ動物でも
> ジャンルを
> 細かくすると
> 楽しい

基本の遊び方

鬼始め●鬼がものまねを始めたらスタート

① 鬼と子を決めます。
② 鬼は何のものまねをするか決めます。
③ スタートしたら、鬼も子も指定されたものまねをしながら鬼ごっこをします。
④ 子はつかまったら、ちがうものまねでまた始めます。

❶ まねをするということは演じるということ。表現豊かにやろう。
❷ 人間以外の動きをするので、柔軟な身のこなしで全身運動ができるよ。

アレンジ 1
どんなお題でやってみる？

低学年ならかんたんな動きのもの、学年が上がるにつれてむずかしいものにチャレンジするとおもしろいよ。

人間のまねでもおもしろくできるぞ

気をつけよう
● みんながわからないお題はやめよう。

低学年や幼児と遊ぶときは
● 魚なら魚全体にするなど、わかりやすいお題にするとよいでしょう。

| 人数 | 鬼：1人〜　子：複数　お医者さん：1人 |

キズ鬼

鬼にタッチされた場所（キズ）を手で押さえながら逃げる鬼ごっこ。
手が自由に使えず走りにくいのがおもしろポイント。

基本の遊び方

鬼始め●鬼が10数えたらスタート

① 鬼と子とお医者さん（1人）を決めます。
② 子は鬼にタッチされたら、そこを押さえてまた逃げます。
③ 2回目にタッチされたら、もう片方の手で押さえてまた逃げます。

> 押さえにくいところにタッチするとおもしろい

④ 3回タッチされたら、お医者さんのところに行って復活させてもらいます。
⑤ 時間を決めて鬼を交代します。

> 2回目タッチのときは押さえる手を交換してもOK

 レベルアップ
❶ 手で押さえていると走りにくくなるので、うまくバランスがとれるようになるよ。
❷ タッチされたらどちらの手で押さえると逃げやすいか考えよう。
❸ 3回タッチするので、鬼はスタミナがつきそう。

アレンジ 1

 ルールを変える

「3回タッチされたらその場で固まり、仲間がタッチすると復活できる」「4回タッチで鬼を交代」など、ルールを変えて楽しもう。鬼も少しは楽になるね。

気をつけよう
● 足にタッチすると動きにくくなるのでねらい目ですが、蹴られるおそれがあるので気をつけて。

低学年や幼児と遊ぶときは
● 鬼は大人（高学年）がやるとよいでしょう。

キズ鬼

| 人数 | 鬼：1人〜　子：複数 |

レンジ鬼

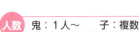

助ける動作がまるで「レンジでチン」するみたい。そんな見た目からこの名がつきました。仲間2人で、「解凍して」助けてあげましょう。

基本の遊び方

鬼始め●鬼が10数えたらスタート

① 鬼と子を決めます。
② 鬼にタッチされた子は、その場にしゃがんで固まります。
③ 逃げている子は2人で両手をつなぎ、つかまった子を囲んで上から手を下ろすと復活できます。
④ 時間を決めてこれをくり返していきます。

声をかけあって2人で助けにいこう

❶ つかまった子がどこにいるか、常に確認するようにしよう。
❷ 仲間を助ける気持ちを忘れずに。2人で協力して助けよう。
❸ 固まった子は声を出して助けを求めよう。コミュニケーションが大事だよ。

アレンジ 1 鬼の数を変える

子の数に合わせて鬼の数を変えてみよう。低学年だけなら少なめに、学年が上がるにつれてふやしていくといいね。

気をつけよう
- 範囲を決めてやろう。
- まわりをよく見てぶつからないようにしよう。
- 鬼は順番に交代するようにしよう。

低学年や幼児と遊ぶときは
- 幼児なら、最初は「レンジでチン」の動作だけで遊ぶとよいでしょう。

| 人数 | 鬼：1人〜　　子：複数 |

島鬼

いろんな形と大きさの島を、鬼につかまらないように
わたりながら逃げる鬼ごっこです。

基本の遊び方

鬼始め●鬼が10数えたらスタート

① 子より1〜2少ない数の島を地面にかいておきます。
② 鬼と子を決めます。
③ 子は、島をわたりながらつかまらないように逃げます。
　・1つの島に入れるのは1人だけ
　・島に入れる時間を決めておく
　・同じ島には続けて入れない
④ 鬼に最初にタッチされた子が次の鬼になります。

島に名前をつけても楽しいね

❶ どこの島があいているか、鬼はどこか、常にまわりを観察しながら逃げよう。
❷ 鬼は、だれが島から移動しそうか、タイミングを見のがさないようにしよう。

アレンジ 1

島の数を変える

島の数をへらすごとに難易度は上がっていくよ。

アレンジ 2
島に入れる人数をふやす

島に入れる人数を少しふやせば難易度は下がります。

気をつけよう
- 島に入っている子が出てくるときにぶつからないようにしよう。

低学年や幼児と遊ぶときは
- 島の数を多くするとやりやすくなります。
- 鬼の数をふやして始めるとよいでしょう。

人数　鬼：1人〜　　子：複数

丸鬼

「おしくらまんじゅう」のように身をよせあって逃げる鬼ごっこです。
鬼のタッチをうまくよけられるかな。

基本の遊び方

鬼始め●鬼が10数えたらスタート
① 人数に合わせて適度な円をかきます。
② 鬼を1人決め、他の子は円の中に入ります。
③ 鬼にタッチされた子は、円の外に出て鬼になります。
④ 時間内に子をどれだけへらせるかを楽しみます。

鬼が2人だと両方からおしくらまんじゅう

鬼がふえるとよけたりかわしたり

❶ 鬼は協力しあってタッチしよう。チームワークが大切！
❷ 踏んばったり体をひねったり。子はいろんな姿勢で逃げると見ている人も楽しいよ。

円を大きくする 円を少し大きめにかいて、鬼を最初からふやしてやってみよう。

気をつけよう
- 夢中になるところびやすくなるよ。まわりを見て、強く押さないようにしよう。
- 人数に合ったちょうどよい大きさの円をみんなで決めよう。

低学年や幼児と遊ぶときは
- 最初は鬼の数を少し多めにしてやるとよいでしょう。

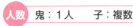人数　鬼：1人　子：複数

だるまさんのものまね

「だるまさんがころんだ」（p28）を変化させた鬼ごっこ。
鬼がふり向いたときのポーズをまねしながらやるので、むずかしくなるぞ。

基本の遊び方

鬼始め●子の「はじめの一歩」でスタート

① 鬼を1人決め、子は鬼から離れてならびます。
② 鬼は「だるまさんのものまね」と言ってふり返り、ポーズをとります。子は鬼と同じポーズで止まらないといけません。
③ 鬼はまちがったポーズをしている子がいたらその子の名前を呼びます。

④ 名前を呼ばれた子は、鬼と手をつないでつながります。これをくり返します。
⑤ だんだん鬼に近づいていき、鬼と子のつないだ手を切ると、子はいっせいに逃げます。
⑥ 鬼が10数えたら子はストップ。鬼は大股で10歩くらい跳びながら子をつかまえます。つかまった子の中から次の鬼を決めます。

❶ 鏡を見るのと同じように鬼とは左右が逆になる。思った以上に大変だよ。瞬時に判断しよう。

ものまねのジャンルを決める

動物やアニメの決めポーズなど、ものまねをするジャンルをあらかじめ決めておくのもよい。

気をつけよう
- 範囲を決めてやろう。

低学年や幼児と遊ぶときは
- かんたんなポーズから始めるとよいでしょう。
- 「左右が反対でもOK」にするとやさしくなります。

| 人数 | 鬼：1人〜　子：複数 | 用意するもの | 目かくし用のタオル×鬼の人数分 |

目かくし鬼

鬼が目かくしをする鬼ごっこ。
「鬼さんこちら、手の鳴る方へ」のかけ声を聞きながら子をつかまえます。

基本の遊び方

鬼始め●子のかけ声がスタートの合図

① 逃げる範囲を決めます。
② 鬼と子を決め、鬼は目かくしをします。
③ 子は鬼のまわりで「鬼さんこちら、手の鳴る方へ」と手をたたいて声をかけます。
④ 鬼はその声をたよりに手さぐりで子をつかまえます。
⑤ 最初にタッチされた子が次の鬼です。

にぎやかに声をかけあって

❶ 鬼が範囲から出そうになったり、あぶないときは声をかけてあげて。鬼とまわりの子の一体感を大切に遊びましょう。

鬼の数をふやしてみよう。ぶつからないように、まわりは注意して声をかけてあげましょう。

気をつけよう
- 遠くに逃げるとつかまえられないので、鬼の近くで声を出そう。
- 段差や障害物があるところは避けよう。

低学年や幼児と遊ぶときは
- 大きな声を出して遊びましょう。

人数　鬼：1人〜　　子：複数

線鬼

線の上だけを移動する鬼ごっこ。
外でも室内でも、あまり広い場所でなくても短時間で楽しめます。
いろんな線を考えよう。

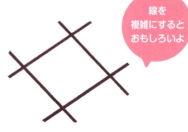

線を複雑にするとおもしろいよ

基本の遊び方

★
★
★

鬼始め ● 鬼が10数えたらスタート

① 地面にいくつか線をひきます。体育館の床の線を利用してもよい。
② 鬼も子も線の上に乗ります。動いていいのは線の上だけです。
③ 他の線に移ってもOK。線から出たらアウトです。
④ タッチされた子が次の鬼になって続けます。

❶ 動けるのは線の上だけ。落ちないようにバランス感覚が養われるよ。
❷ どんな線をかくともっと楽しくなるか、想像力をはたらかせよう。

アレンジ1 生き残りゲーム

時間を決めて「だれが最後まで残るか」でやってみよう。生き残った子が勝ちです。

アレンジ2 鬼のルールを変える

鬼が動いていい線を限定する、鬼の数をふやす、などに変えてもおもしろいよ。

気をつけよう
● まわりをよく見てぶつからないようにしよう。

低学年や幼児と遊ぶときは
● 線の本数を少なくしてやりましょう。

人数　鬼：1人〜　　子：複数

ところてん鬼

ペアをいくつもつくり、ならんで島になります。
1人が逃げこむと1人がところてんのように押しだされる鬼ごっこです。

基本の遊び方

鬼始め●鬼が10数えたらスタート

① 鬼と子を決めます。
② 子はペアを何組かつくり、ならんで座ります（島）。他の子は逃げる役です。
③ 子が島に逃げこむと、反対側に座っている子が押しだされ、鬼に追いかけられる番になります。
④ つかまったら鬼を交代して続けます。

島に積極的に逃げこむとおもしろい

① 鬼は島から押しだされる子を予測して、先回りしてつかまえよう。
② 島にいる子はまわりをよく見て、すぐに動ける準備をしておこう。

島の形や人数を変える

島をたての列にしたりねころんだ島にすると、別の動きが楽しめます。島を3人組にしたり鬼の数をふやすのもおもしろいよ。

気をつけよう
● 逃げこむとき、勢いあまって強くぶつからないようにしよう。

低学年や幼児と遊ぶときは
● 島の数を少なくしてやるとわかりやすい。

人数 鬼：1人　子：複数

問答鬼

鬼はあらかじめキーワードを決めておき、それをもとにお話をします。
そのキーワードが出たら子はいっせいに逃げましょう。

基本の遊び方

鬼始め●鬼が10数えたらスタート

① 鬼はキーワードになる言葉を決めます。
② 子は横1列にならんで座り、鬼はその前に立ちます。
③ 鬼は、お話の途中でその言葉が出たら逃げることを子に伝えます。
④ 鬼はお話を始め、話の途中にキーワードを言います。
⑤ キーワードが出たら、子はいっせいに逃げます。
⑥ 鬼は10数えたら追いかけ、最初につかまえた子と鬼を交代します。

❶ フェイントでちがうキーワードを言うなどして盛り上げよう。
❷ 子はいつでも逃げられるように集中してお話を聞こう。瞬発力がつきそうだね。

アレンジ 1　逃げる場所を決める

キーワードごとに逃げる場所を決めてみよう。あわててまちがえやすくなるよ。

アレンジ 2　子の姿勢を変える

後ろ向きに座ったり、うつぶせになったりすると難易度が上がるよ。

気をつけよう
- 走りだすときに、まわりの子とぶつからないようにしよう。

低学年や幼児と遊ぶときは
- 単純なキーワードにして、幼児でもわかるお話をしましょう。

| 人数 | 鬼：1人〜　　子：複数　　列：大勢いるとよい |

整列鬼

全員が集合隊形に整列して、その中で鬼ごっこをします。
かけ声で走る向きが変わるおもしろさがあります。朝礼のときなどにぴったり！

基本の遊び方

鬼始め●鬼が10数えたらスタート

① 鬼と子を決めたら、残り全員で整列隊形にならびます。
② 列の人は両手を横に上げて走るコースをつくります。鬼も子もこのコースしか走れません。
③ リーダーの合図（かけ声）で、列の人はいっせいに向きを変えてコースを変えます。
④ 全員をつかまえるまでやってみよう。

両手をあげて
コースをつくります。

合図で矢印の方向に
走るコースが変わります。

せーの
左!!

くるっ

❶ 整列している人は息を合わせて向きを変えよう。見栄えがよくなるよ。

❷ 鬼も子も、整列している人をうまく利用するとおもしろくなるよ。

列の長さや数を変える

長い列にして、列の数もふやすとよい。全校集会や朝礼でやると楽しいね。

気をつけよう
- 列の向きが変わったときにぶつからないように気をつけよう。

低学年や幼児と遊ぶときは
- 列の間隔を広くするとよいでしょう。

第2章

鬼ごっこはスポーツだ

体づくりに役立つ27

大人の方へ

　　　　鬼ごっこの魅力として、遊びとしての楽しさに加えて、さらにスポーツの上達や体力づくり、ケガをしにくい体づくりに生かせることが挙げられます。遊び感覚で楽しく体を動かしながら、スポーツの世界にあるような試合の勝敗や能力差を気にすることが少なく、スポーツの好き嫌いに関係なく取り組めるのが特徴です。

　大きな醍醐味は、追いかける鬼と逃げる子による攻防戦です。この攻防中に体全体を使う運動を知らず知らずしているのです。たとえば、下半身では足腰の運び方によって体のバランス感覚が鍛えられ、上半身では手を伸ばしてタッチをしようとする姿勢やタッチから逃れようとしてのけ反る姿勢をすることで腹筋や背筋が鍛えられます。体全体の感覚がよくなり、各スポーツ競技に必要とされる基礎的能力が身についていきます。さらに、体のバランス感覚が改善されることで、転ばない、転んでもケガをしにくい体になっていきます。

　第2章では、スポーツや体力づくりにも役立つ、よりゲーム性のある鬼ごっこを27種類紹介しています。運動遊び・体育遊びとして授業に取り入れていただいて、体を動かす楽しさを日常的に味わってください。

鬼ごっこはスポーツの原点

　鬼ごっこには、スポーツに必要とされる要素がたくさん詰まっています。逃げ回るとき、追いかけ回すとき、仲間同士で協力して鬼から逃げるとき。自分の役割や場面によって、体の動作は変わってきます。

　チームスポーツ（サッカー、バスケットボールなど）では、仲間とのコンビネーションや相手のスキを突く「おとり作戦」が大切になります。たとえば「陣取り鬼ごっこ」で陣を獲得するための作戦は、スポーツにも生かすことができます。

　個人スポーツ（陸上、卓球、バドミントンなど）では、素早い動きやフットワークなどが必要ですが、鬼ごっこで遊ぶうちに細かいフットワークや走力が自然と身についていきます。

　鬼ごっこのよい点は、スポーツ以上に、楽しみながら体力づくりができることにあります。

陣取り鬼ごっこを
マスターする

　陣取り鬼ごっこは、特定のエリアを決め、チーム同士が対戦形式で行ない、陣地を取り合う遊びです。代表的なものに「缶けり」(p96)「ひまわり」(p114)「Sケン」(p122)などがあります。

　陣を取るためには、「一人の力では相手に勝つことはできない」ことが、上達するための大きなヒントになります。上達のための第一歩は、チームの仲間と作戦会議をして、自分たちの得意なところを考えてから、相手にどう攻めこめば弱点を突けるかを考えることが大切です。そして実際に試合になってからは、チームの仲間と協力して、ときには自分が「おとり」になってわざとつかまり、仲間に陣を取りにいってもらうことも考えられます。

　また、陣取り鬼ごっこは相手チームがいて初めてできる鬼ごっこです。相手チームともケンカをしないで仲よく、楽しく取り組むことも大切です。

鬼ごっこが楽しくなるための影練
かげれん

　鬼ごっこが楽しくなるように、影練を紹介します。影練とは、鬼ごっこがうまくなるための自分でできる練習方法です。

　学校の休み時間や放課後の時間、お休みの日に、友だちや家族と一緒になって、ときには一人でも、鬼ごっこがうまくなって楽しくなるために練習をしてみましょう。練習といっても、この本に書いてある鬼ごっこのどれかを選んで、とにかくたくさん遊んでみるだけです。

　紙とエンピツを用意して、鬼からの逃げ方や子のつかまえ方を考えて書き、みんなで作戦会議をするのもいいでしょう。作戦名まで考えたら、作戦のイメージがより広がって、いっそう楽しい鬼ごっこができるかもしれません。

　遊ぶ場所も、学校の校庭だけではなく公園や、自然の木が生えていて、地面の凹凸があるところで遊んでみるのもいいでしょう。遊び場所に合わせて作戦を考えることで、逃げたりかくれたりするための新しいアイデアが浮かぶかもしれませんよ。

鬼ごっこで仲間づくり、コミュニケーション

　かくれんぼや氷鬼など、鬼ごっこを友だちと遊ぶときに、お互いにコミュニケーションをとることでさらに楽しいものになります。コミュニケーションには2種類あります。
1　言葉を使うこと
2　ジェスチャーをすること
　言葉のコミュニケーションは、たとえば氷鬼をしているとき、鬼につかまってから静かに黙っていたら、逃げている他の子が気づかず助けてくれないかもしれません。しっかりと協力を求めて「助けてー！」と声をかけると、仲間が気づいて助けてくれるようになります。逆に、「鬼があっちから来たぞ！」とお助けをしてあげると、仲間は喜んでくれます。
　また、言葉だけでなくジェスチャーで（自分の手足など体で表現して）助けを求めることもできます。表現をすることは、気持ちを明るくしてくれ、元気な体づくりのためには欠かせません。
　鬼ごっこをするときは、必死に言葉も体も使って楽しみましょう。

鬼ごっこで体力アップ！

　鬼ごっこは、鬼から逃げて走り回り、障害物を跳びこえ、ときには後ろ向きに歩き、左右にステップを踏み、しゃがみこんで茂みにかくれたりと、いろいろな動き方をして遊びます。

　小学校では全国体力テスト（文部科学省所管）が各地で実施されていますが、つい最近の鬼ごっこ協会の調査で、鬼ごっこをすることで体力がアップすることが証明されました。いろいろなステップを踏むことで反復横跳びがたくさんできるようになったり、遠くにボールを投げられるようになったことがわかったのです。他のテストも、とてもよいデータがでています。

　運動があまり得意でなかった子も、鬼ごっこで楽しく遊んでいると、知らないうちに体力がアップしています。友だちとたくさん鬼ごっこをして、みんなで一緒に体力アップをめざそう！

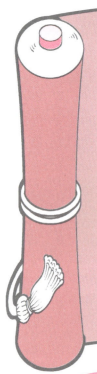

6条　鬼のスキをつくべし

7条　鬼に気づかれないように気配を消すべし

8条　最後まで勝負をあきらめてはいけない

9条　友だちと助け合う気持ちを持つべし

10条　鬼も子も親も、みんなで仲よく楽しむべし

チーム分けいろいろ

2つ以上のチームに分かれる鬼ごっこで遊ぶとき、チームを分けるやり方の例です。

1　数字で決めよう

1列に並び、決めたいチームの数だけ順に「1、2、3」「1、2、3」と言っていきます。同じ数字の人同士でチームになります。

2　グーチョキパーで

グー、チョキ、パーをそれぞれが自分で決め、みんなでいっせいに出して、同じものを出した人とチームになろう。

鬼ごっこの達人になるための10か条

1条 鬼ごっこを誰よりも一番に楽しむべし
2条 仲間と協力して勝負するべし
3条 おもしろい作戦を立てるべし
4条 鬼ごっこのための影練をたくさんするべし
5条 鬼も全力で子を追いかけるべし

③ 好きなもの決め

好きなもの（動物や食べ物など）を決めて、それぞれが自分の好きなものを選んでチームを作ろう！

④ 誕生月決め

それぞれの誕生月を出し合って、近い誕生月の人同士でチームを組んでみよう。

人数　2チームに分ける

リレー鬼
****

リレー形式でおたがいに相手を追いかける鬼ごっこ。
運動会の前に遊びながらトレーニングできるね。

基本の遊び方

鬼始め●審判役が「よーいスタート」の合図

① 陸上のトラックのような線をかきます。
② 2チームに分かれ、走る順番を決めます。
③ トラックの2か所に各チームがならび、審判の合図でスタートします。
④ リレー形式で行ない、相手チームに追いついてタッチした方が勝ち。
⑤ 勝負がつかない場合は引き分けです。

❶ 前を走る相手にタッチするというはっきりした目標があるので、自然と思いきり走ることができます。

3チームで

コースを均等に分けて3チームでやってみよう。低学年のチームにはハンデをつけてあげるのもいいね。

均等に分ける

リレー鬼

コースの形を変える

円だけでなく、走るコースをいろいろな形にしてやってみよう。

角やカーブではスピードのコントロールが大事！

いろんな形でできるよ

気をつけよう
- タッチはやさしく。押したり強くたたかないようにしよう。

低学年や幼児と遊ぶときは
- 大人（高学年）も入ってあげましょう。
- 距離を短くするなどハンデをつけてもよいでしょう。

人数　2人ひと組

背中タッチ鬼

✴︎

2人でできる鬼ごっこ。
左右にステップして、相手のタッチをよけながら
背中にタッチしよう。

基本の遊び方

鬼始め　2人で見あって
　　　　「よーいスタート」の合図

① おたがい挨拶をしてから、どちらかの手で握手をします。
② スタートの合図で、手をつないだまま相手の背中にタッチしにいきます。
③ タッチされて終わりではなく、時間を決めて何度もタッチしにいきましょう。
④ 反対の手でもやってみよう。

❶ 手を引いたりゆるめたり、フェイントも入れて相手のバランスをくずそう。
❷ タッチするだけでなく、タッチされないように相手をよく見て動こう。

アレンジ1 座ってやる

イスに座り、手をつながずにやってみよう。

アレンジ2 ルールいろいろ

- いろいろな相手とやってみる
- ももの裏など別の場所タッチにすると、ちがった動きができておもしろい
- つなぐ手をかえてみる（右手と左手など）

気をつけよう
- あまり強く引っぱりすぎないようにしよう。
- ただ回るだけだと目が回ってしまうよ。

低学年や幼児と遊ぶときは
- 手をつないでおたがいタッチしあうだけでよいでしょう。

人数 2チームに分ける

ドンじゃんけん

****

2チームがじゃんけんをしながら相手の陣地を取りあいます。
じゃんけん勝負だから、体が小さくても勝ち進んでいけるぞ。

基本の遊び方　鬼始め●リーダーの合図でスタート

① 2チームに分かれます。
② 1本の線をかき、その両端に各チームがならびます。

③ スタートの合図で先頭の人が出ていき、お互いがぶつかるところで手を合わせ、「ど〜ん、じゃんけんぽん」のかけ声でじゃんけんをします。
④ 勝った方は前に進み、負けた方は列の後ろにもどり、次の人がスタートします。

⑤ こうして相手の陣地まで先にたどり着いた方が勝ちです。

❶ じゃんけんに負けたら「負けたー」と声を出して、次の人がすぐスタートできるようにしよう。
❷ カーブでスピードをゆるめたり直線でスピードアップしたり。線から出ないようにバランスをうまくとろう。

アレンジ 1
いろいろな線で
曲線や角を加えるなど、さまざまな線をかいてみよう。途中に障害物などを置くのも楽しいね。

線から出たらアウト！

ドンじゃんけん

気をつけよう
● 「どーん」のときに強く押しすぎないようにしよう。

低学年や幼児と遊ぶときは
● シンプルな線でやるとよいでしょう。

| 人数 | 鬼：複数　子：複数 |

通り抜け鬼

****

鬼が横にならんでいます。
子はその隙間を突いて向こう側に通り抜けられるでしょうか！
ハラハラドキドキの鬼ごっこです。

基本の遊び方

鬼始め●鬼の合図でスタート

① 線を1本ひき、その上に2〜3人の鬼が横にならびます。鬼は線の上しか移動できません。
② 子は鬼にタッチされないように、線の向こう側に通り抜けます。
③ 鬼にタッチされた子は、元にもどってまたチャレンジします。

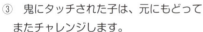

レベルアップ
❶ 子は協力して、通る隙間をつくろう。おとりになって鬼を引き寄せる作戦も。
❷ 鬼も声をかけあい、片方に寄り過ぎないように、しっかりサイドステップして道をふさごう。

アレンジ 1
ルールいろいろ
- 鬼の数をだんだんふやしていくと、難易度が上がってより楽しくなるよ
- 線を長くしてもいいね

通り抜け鬼

気をつけよう
- 密集しているので、押したりぶつかったりしないようにしよう。

低学年や幼児と遊ぶときは
- 大人（高学年）が鬼をやるとスムーズにできるでしょう。

人数　2人ひと組

じゃんけん鬼

2人でできるかんたんな鬼ごっこです。
じゃんけんに勝った方が逃げ、負けた方が追いかけます。

基本の遊び方

鬼始め●じゃんけんでスタート
① 2人ひと組でじゃんけん。
② 勝った方は子となって逃げ、負けた方は鬼となって追いかけます。ただしどちらも早足です。

③ タッチをしたらその場で立ち止まり、またじゃんけん。これをくり返します。

> ❶ じゃんけんから瞬時に「追いかける」「逃げる」を判断するので、瞬発力が身につくよ。
> ❷ 他の人をうまく生かしながら逃げよう（アレンジ2を見てね）。

逆でやってみる

ルールを逆にしてやってみよう。勝った方が追いかけ、負けた方が逃げます。

逃げるヒント

まわりにいる人たちを壁のようにして逃げるのもいいね。

気をつけよう
- 大勢がいっせいに動くとぶつかりやすいので、まわりをよく見よう。

低学年や幼児と遊ぶときは
- 大人（高学年）も入ると、臨機応変にできてやりやすいでしょう。

| 人数 | 鬼：1人〜　子：複数 | 用意するもの | 手ぬぐいやタオル×人数分 |

しっぽ取り

タッチのかわりにしっぽを取ります。
ルールを変えたりハンデをつければ、全学年で楽しめるよ。

基本の遊び方

鬼始め●鬼が10数えたらスタート

① 鬼と子を決めたら、子は全員しっぽをつけます。
② 鬼はしっぽを取りにいき、子は取られないように逃げます。
③ しっぽを取られた子は座ります。
④ 時間内に何本のしっぽを取れたかを競いましょう。

❶ 大丈夫と思ったら取られたり。タッチとしっぽ取りでは距離感がちがいます。取られないように工夫しながら逃げよう。
❷ 動くしっぽをつかむのは意外とむずかしい。よーく動きを見てね。

しっぽをふやす

つけるしっぽの数をふやしてみよう。何本取れるかな。低学年は多めにつけ、高学年はしっぽを長くするなどのハンデもいいね。

ルールいろいろ

- 鬼をふやす
- しっぽの補給場所をつくり、取られた子が復活できる
- 鬼を決めず、全員が他の人のしっぽを取りにいく　などいろいろ楽しめるよ！

気をつけよう
- まわりをよく見てぶつからないように楽しもう。
- 範囲を決めてやろう。

低学年や幼児と遊ぶときは
- しっぽを腰でなく背中につけてあげるのもよいでしょう。
- 大人（高学年）が鬼になり、楽しく逃げられるように追いかけてあげましょう。

| 人数 | 鬼：6人　　子：複数 |

ライン鬼

「通り抜け鬼」（p80）のレベルアップ版です。
体をくねらせてかわしたり、巧みなステップで鬼のタッチを次々かいくぐろう。

基本の遊び方

鬼始め●鬼の合図でスタート

① 3本の線を平行にひき、線の上に鬼が2人ずつならびます。鬼は線の上しか移動できません。
② 子は鬼にタッチされないように、線の向こう側に通り抜けます。
③ 鬼にタッチされた子は、元にもどってまたチャレンジします。

レベルアップ
❶ 鬼を引き寄せて隙間をあけるなど、子のチームワークがとても大切。
❷ 鬼も声をかけあって、片方に寄り過ぎないように力を合わせよう。

アレンジ 1

2チーム対抗戦

2チーム対抗で、だれかが通り抜けるまでの時間を計り、競争してもおもしろいよ。

線の間隔や本数を変えてもいいね

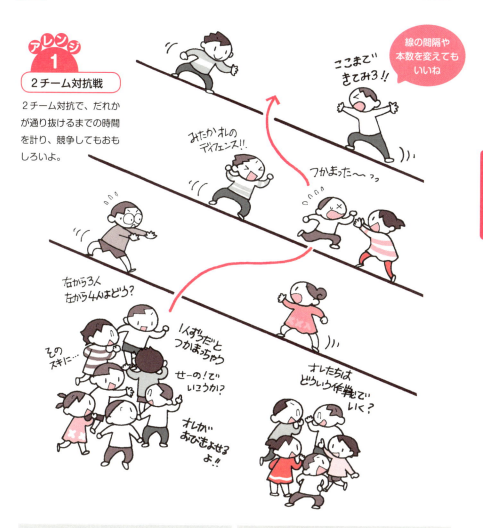

ライン鬼

気をつけよう
● 密集しているので、押したりぶつかったりしないようにしよう。

低学年や幼児と遊ぶときは
● 鬼の数を少なくするとよいでしょう。

人数 鬼：1人〜　子：複数

スキップ鬼

みんなスキップで鬼ごっこ。
見た目はかわいいですが、けっこう体力を使うんです。
体のバランスをうまくとりながら追いかけっこをしましょう。

基本の遊び方

鬼始め●鬼が10数えたらスタート

① 鬼と子を決めます。
② 鬼は子を追いかけ、最初にタッチされた子が鬼を交代します。
③ ただし、鬼も子もスキップしかしてはいけません。

 ❶ スキップが苦手な子は多いです。遊びながらスキップの動作をおぼえましょう。

鬼をふやす
鬼の数が変わると難易度が上がります。鬼をふやしてみよう。

休憩所をつくる
スキップし続けるのはつかれるので、休める島をつくるのもいいね。

気をつけよう
● 走る人がいると危ないので、スキップをしっかり守ろう。

低学年や幼児と遊ぶときは
● スキップがむずかしい場合は、早歩きから始めてみましょう。

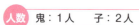

| 人数 | 鬼：1人　子：2人 |

ダンス鬼

有名な遊び「子とろ子とろ」の少人数バージョンです。
2人が協力しあって逃げる姿が
まるでダンスを踊っているようです。

基本の遊び方

鬼始め●子2人がタイミングをとって
　　　　スタートの合図

① 子が2人向かいあって両手をつなぎます。
② 図のように、鬼はBの背中にタッチしにいきます。Aは鬼に背を向けて、壁になってBを守ります。
③ 時間を決めて、何回でもタッチしにいきましょう。

2人の呼吸を合わせて！

❶ 鬼が見えるBが声を出して、手でリードしてあげるとよい。AはBの目を見つつ、背中で鬼の気配を感じ取って積極的に動こう。
❷ 鬼はフェイントをまぜて2人を揺さぶろう。

タッチする場所を変える　腰やももなど、背中以外の場所にタッチしてみよう。

気をつけよう
● 手を離したりころばないようにね。強く振り回さないこと。

低学年や幼児と遊ぶときは
● 背中にタッチしあうことをまずは楽しみましょう。

| 人数 | 鬼：1人〜　子：複数 | 用意するもの | ソフトバレー用のボールなど |

ボール当て鬼

ボールを使った鬼ごっこ。
ボールを当てられると鬼を交代します。
少し離れたところの人もつかまえられるね。

基本の遊び方

鬼始め●鬼が10数えたらスタート
① 鬼と子を決めます。
② 鬼はボールを持ち、逃げている子に当てます。
③ 当たったら鬼を交代します。
④ キャッチするのはセーフ。その場にボールを置いてまた逃げよう。
⑤ 時間を決め、これをくり返していきます。

レベルアップ

❶ 鬼はボールを投げる力が身につきます。フェイントもうまく使おう。

❷ 子はボールをよく見て、よけたりかわしたりしよう。

アレンジ 1
鬼とボールをふやす

鬼もボールも数をふやしてやってみよう。難易度がぐーんと上がります。

ボール当て鬼

気をつけよう
- 硬いボールはあぶないので使わないこと。
- 顔をねらわないようにしよう。

低学年や幼児と遊ぶときは
- ビーチボールなどやわらかいボールでやりましょう。

| 人数 | 鬼：1人〜　子：複数 |

釜鬼

****

円の中（釜）に自分の片方の靴を置き、
それを取りにいく鬼ごっこ。鬼にタッチされずにはいて逃げられるかな。

基本の遊び方

鬼始め●鬼の合図でスタート
① 二重の円をかきます。
② 鬼を1人決め、内側の円の中に、子の片方の靴を置きます。
③ 鬼は内側の円と外側の円の中しか動けません。
④ 子は自分の靴をケンケンで取りにいき、靴をはいて走って外に逃げます。
⑤ 靴を取る前に鬼にタッチされたらアウトですが、他の子が靴を取ってきてくれたら復活して逃げることができます。

❶ 鬼をおびきよせている間に取りにいくなど協力しあおう。鬼の隙を見のがさないで。
❷ 鬼は見てないフリをして素早く動いてタッチしよう。

ルールいろいろ

- 円と円を結ぶ線を何本かひき、鬼は線の上しか動けない
- 室内なら、ケンケンしないで走ってもよい
- 鬼にタッチされたらその場で片足立ちでかたまる
- 鬼の数をふやす　など

釜鬼

気をつけよう
- 靴を取りにいくとき、手を踏まれないようにしよう。

低学年や幼児と遊ぶときは
- シンプルに、靴を取ってもどってくるだけにしてもよいでしょう。

| 人数 | 鬼：1人〜　子：複数 | 用意するもの | 缶（ペットボトルでもよい） |

缶けり

****

かくれんぼに「缶をける」動きをプラスした鬼ごっこ。
かくれるドキドキ、缶を守る・攻めるドキドキを味わおう。

基本の遊び方

鬼始め ● 鬼が10数えたらスタート

① 鬼を1人決め、遊び場のまん中あたりに缶を置きます。

② 子の1人が缶をけったら、子はいっせいに逃げてかくれます。

③ 鬼は缶を拾い、元の場所に置いて10数えたら子を探します。

❶ 鬼は缶からあまり離れられないので、探すのはかくれんぼよりむずかしい。缶との距離を気にしながら見つけよう。
❷ 鬼が離れた隙を見て、勇気をだして缶をけりにいこう。

④ 子を見つけたら、大きな声で「○○さん見つけた」と言って缶を踏みます。

⑤ つかまった子は缶の近くにならびます。
⑥ かくれている子が鬼の隙をついて缶をけると、つかまった子はまた逃げることができます。

⑦ 鬼が子を全員見つけたら鬼の勝ち。最初に見つかった子が次の鬼になります。

気をつけよう
- 使った缶はちゃんと持ち帰ろう。
- あらかじめ範囲を決めてからやろう。

低学年や幼児と遊ぶときは
- 高学年が鬼をやるとよいでしょう。
- なかなか見つけられない場合は、鬼を2人にふやしましょう。

人数　鬼：1人〜　　子：複数

田んぼ

✳︎

田んぼの「田」の字形のコースを回る鬼ごっこです。
鬼につかまらずに4つの部屋を2周できるかな。

基本の遊び方

鬼始め●鬼の合図でスタート
① 地面に田んぼの「田」の字をかきます。
② 鬼を1人決め、子は全員、田の字の4つの四角の1つに入ります。
③ 鬼は田の字の「十」の線の上に立ち、ここしか動いてはいけません。
④ 子は鬼にタッチされないように、時計回りに四角の部屋を1つずつ進み、2周回れたら上がりです。
⑤ タッチされた子は外に出るか、いっしょに鬼になって続けます。

❶ 鬼をおびきよせた隙に動いたり、時間差で移動するなど、子は力を合わせよう。
❷ 鬼は巧みなサイドステップで子を追いつめよう。

ルールいろいろ

- 鬼の数をふやす
- 「十」の部分を太くしたり「田」の字を大きくする
- 逆回り、ケンケンでやってみる　など

気をつけよう
- せまいエリアで動くので、ぶつからないようにしよう。

低学年や幼児と遊ぶときは
- 子に対して鬼は少なめ、スペースは広めでやるとよいでしょう。

| 人数 | ネコ：1人〜　ネズミ：1人〜　壁：複数 |

ネコとネズミ

****

ネズミとネコの追いかけっこ。
みんなで協力してネズミを助けよう。ネコもたまには助けてもらえます。

基本の遊び方

鬼始め●壁のだれかの合図でスタート

① ネコとネズミを1人ずつ決めます。他の人は手をつないで輪になり壁をつくります。
② ネコは壁の外に立ち、子は壁の内側に立ったところからスタート。
③ ネズミは壁のまわりを逃げます。
④ 壁の人はネズミがつかまらないようにネコの邪魔をして、ネズミを壁の外へ逃がしたり、内側に入れてやったりします。
⑤ 時間内にネコがつかまえるかネズミが逃げきれるかで争います。

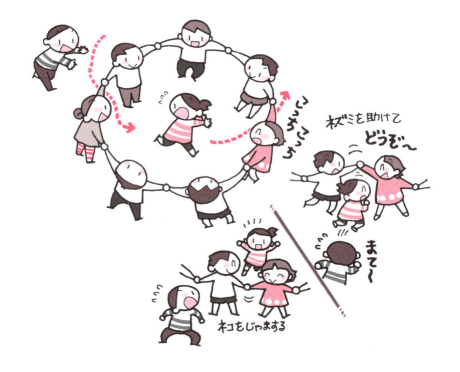

① 壁役の人は協力してネズミを助け、ネコの侵入をふせごう。
② ネズミが速い場合は、壁役の人がときにはネコを助けて、輪を通してあげることも必要です。

アレンジ1 数をふやす

ネズミまたはネコを2人にしてやってみよう。

アレンジ2 壁を二重にする

人数が多ければ、二重の輪にしてネコとネズミをそれぞれ2人にしてやってみよう。

気をつけよう
● ネコもネズミも、壁の人に勢いよくぶつからないようにしよう。

低学年や幼児と遊ぶときは
● 遠くへ行かないように範囲を決めてやろう。

人数　鬼：複数（子より多い人数）　子：複数

囲い鬼

手をつないだ鬼が子を囲んでつかまえます。
大きな生きものに追いかけられてるみたい。迫力があり盛り上がります！

基本の遊び方

鬼始め●鬼が10数えたらスタート
① 鬼と子を決めますが、鬼の数を子の数より多くします。
② 鬼はみんなで手をつなぎ、子を囲むようにしてつかまえます。
③ つかまった子は鬼になり、一緒に他の子をつかまえにいきます。
④ 時間を決めて、時間内に全員つかまえたら鬼の勝ち。逃げきれば子の勝ち。

❶ 鬼は団体で動くので、協力しあわないとうまく動けません。声をかけあおう。

❷ 逆に子は、素早い動きで鬼をかわして逃げよう。

アレンジ 1 手をつながない

「追いかけるとき鬼は手をつないでいなくてもよい」とすると、つかまえやすくなります。

気をつけよう
- 走っているときにぶつからないように、まわりをよく見よう。

低学年や幼児と遊ぶときは
- 鬼の数をさらに多くして始めるとよいでしょう。

| 人数 | 2チームに分ける | 用意するもの | 手ぬぐいやタオル×人数分 |

対戦型しっぽ取り

****

「しっぽ取り」（p84）のチーム対抗戦です。
取られないように取りにいこう。助けあうチームワークが大事！

基本の遊び方　　鬼始め●どちらかのリーダーの合図でスタート

① 2チームに分け、全員がしっぽをつけます。
② スタートの合図で相手チームのしっぽを取りにいきます。
③ しっぽを取られた人はアウト。味方を応援しましょう。
④ 時間内にどちらが多くしっぽを取れたかで勝敗を決めます。

| レベル
アップ | ❶ 逃げ回るだけでなく取りにいくことが大切です。取られにくい動きを工夫しながら積極的に取りにいこう。
❷ 相手を挟み打ちにするなど、チームで協力しあおう。 |

アレンジ 1　チームをふやす

チーム数をふやして3チームや4チーム対抗でやるのも楽しいよ。

気をつけよう
- しっぽはちゃんと相手に見えるように出しておこう。
- 範囲を決めてやろう。

低学年や幼児と遊ぶときは
- 全員がしっぽをつけた状態で「しっぽ取り」（p84）から始めるとよいでしょう。

対戦型しっぽ取り

人数	2チームに分ける

対戦型子とろ子とろ

****

もっとも古い鬼ごっこ「子とろ子とろ」のチーム対抗戦バージョンです。
鬼と子にプラス「親」という役割が登場します。

「子とろ子とろ」の遊び方を知ろう

これが子とろ子とろだよ！

① 鬼を1人決め、子は列になり前の子の肩をつかみます。子の先頭を「親」といいます。
② 鬼は列の一番後ろの子にタッチしにいきます。
③ 親は両手を広げて鬼のじゃまをして、移動しながら子を守ります。
④ タッチされたら、親が次の鬼になって続けます。

基本の遊び方

鬼始め●鬼と親のやり取りが終わったらスタート

① 2チームに分かれ、チームで鬼役を決めます。他の人は子になります。
② リーダー同士がじゃんけんをし、先攻後攻を決めます。（例：Aチームが先攻）
③ Aチームの鬼がBチームの子をつかまえます。時間を決めてやろう。
④ 1回ごとにチームを交代して続けます。
⑤ 何回戦かやり、どちらが多く子を守れたかで勝敗を決めます。
● 1回戦ごとに鬼と親を代えてもよい、としてもいいね

❶ なんといっても親と子のチームワークが大切。声をかけたり、動きを予測して動こう。

❷ 鬼は素早い身のこなしで列を乱そう。フェイントをかけた動きも効果的！

- チーム数をふやして大会形式にしてもおもしろい
- 列の長さを変えてみよう

気をつけよう
- ころばないように前をしっかり見よう。

低学年や幼児と遊ぶときは
- 全員が鬼をやってから始めるとスムーズにいきます。

| 人数 | 鬼：2人〜　　子：複数 | 用意するもの | ソフトバレー用のボールなど |

六虫
ろくむし

地域によってさまざまなルールのある鬼ごっこ。
ボールに当たるのはコワイけど、協力しあって勇気をだして飛びだそう！

基本の遊び方

鬼始め●鬼の合図でスタート

① 10mくらい間隔をあけて、2つの円を地面にかきます。
② 鬼を2人決め、ボールを持ちます。子は全員が片方の円に入ります。
③ 子は鬼にボールを当てられずに1人でも円を6往復できれば勝ち。
④ 鬼は子が6往復する前に全員にボールを当てれば勝ちです。
⑤ 子は往復するたびに「一虫、二虫、三虫、四虫、五虫、六虫」と言います。

❶ 鬼はフェイントをかけて子をおびきだすなど、投げる人・キャッチする人が協力しあうことが大事。
❷ 円から飛びだせない子もいます。だれかがおとりになって鬼を引きつけたり、一緒に走るなどして力を合わせよう。

ルールいろいろ
- 学年に合わせて往復する回数を変えるのもいいね
- 円の大きさや距離を変えてみよう
- 鬼の数をふやして、配置も工夫するとおもしろくなるよ

気をつけよう
- ボールは当たっても大丈夫なやわらかいものを使おう。
- 顔をねらわないようにしよう。

低学年や幼児と遊ぶときは
- シンプルに、ボールをよける遊びから始めるとよいでしょう。

| 人数 | 鬼：3チームに分ける | 用意するもの | 赤白帽またはビブス×人数分 |

巴鬼

3チームがじゃんけんのような関係で追いかけます。
とてもゲーム性のある鬼ごっこです。

基本の遊び方

鬼始め ● リーダーの合図でスタート

① 3チームに分かれ、帽子で色分けします（赤・白・かぶらない）。
② A→B→C→Aのように鬼ごっこをします。
③ タッチされたらその場で止まり、味方がタッチすると復活できます。
④ 時間を決めてやり、残った人数の多いチームが勝ちです。

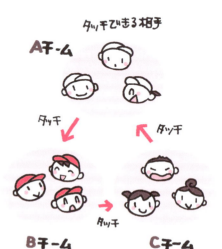

レベルアップ

❶ 全員が鬼であり子でもあります。どのチームを追いかけ、どのチームに追われるか、常に意識しながら動こう。

❷ つかまった子は助けを求めるなど、チームで声をかけあおう。

アレンジ 1　チーム数をふやす

人数が多ければ4チームでやってみよう。

気をつけよう
● まわりをよく見てぶつからないようにしよう。

低学年や幼児と遊ぶときは
● 2チームで始めるとよいでしょう。

| 人数 | 鬼：1人〜　　子：1人〜 |

アスレチック鬼

2人からできる、運動量の多い鬼ごっこです。
環境をうまく利用しながら逃げよう。

基本の遊び方

鬼始め ● 鬼が10数えたらスタート

① 障害物の多い場所で、時間を決めてやろう。
② 鬼と子を決めます。
③ 鬼は子を追いかけ、子は障害物をうまく利用して逃げます。
④ 障害物は人が立って行なってもよい。

❶ 場所をよく見て、どう生かしながら逃げるか考えてやると楽しいよ。
❷ まわりの状況を瞬時に判断しながら行なうので、判断力や想像力が身につきます。

アレンジ 1

アイデアを出そう

障害物にするものを自分たちでいろいろ考えよう。

気をつけよう
- まわりの人や障害物にぶつからないようにしよう。

低学年や幼児と遊ぶときは
- ぶつかっても危なくない、シンプルな障害物でやるとよいでしょう。

| 人数 | 3〜5人×2チーム | 用意するもの | 宝 |

ひまわり

花びらを無事に渡りきり、
相手陣地の奥にある宝をねらえ！
陣地の中で少しくらい押されても引っぱられてもへこたれないで!!

基本の遊び方

鬼始め ● 内側チームの合図でスタート

① 地面に大きな円をかいて入口を1か所つくります。円の奥に宝を置きます。
② 円のまわりに大小さまざまな花びらをかきます。
③ 3〜5人のチームを2つつくり、円の内側（守り）と外側の花びら（攻め）に分かれます。
④ 外側の人は花びらを渡りながら2周します。どちら回りでもOK。
⑤ 内側の人は、外側の人にタッチします。タッチされたら鬼になります。
● 外側の人は、線を踏んだり、花びらから出たらスタートからやり直し。
⑥ 花びらを2周回れたら、入口から入って宝をねらうことができます。
⑦ 宝を取れたら外側チームの勝ち。全員を鬼にしたら内側チームの勝ち。
⑧ 内側と外側を交代して続けます。

❶ 線から出ないように走るのでバランス感覚が身につくよ。
❷ 内側のチームも外側のチームも、味方どうしのチームワークが大切です。

宝なしバージョン

宝を置かないかんたんなルールで遊んでみよう。

① 大きな円と花びらをかきます。鬼は円の内側、子は花びらに分かれます。
② 子は花びらから出たらスタートからやり直し。タッチされたら、鬼の仲間になります。
③ 花びらを3周できれば子の勝ち、全員を鬼にしたら鬼の勝ち。

気をつけよう
- 乱暴に突きとばしたり引っぱらないこと。
- 花びらに何人も入ってぶつからないようにしよう。

低学年や幼児と遊ぶときは
- 少し小さめの円でやるとよいでしょう。

| 人数 | 3〜10人×2チーム | 用意するもの | 宝　赤白帽またはビブス×人数分 |

宝取り鬼

攻めチームは宝をねらい、守りチームは宝をダンコ死守！
作戦を立てて相手の隙をねらおう。ゲーム性の高い鬼ごっこです。

基本の遊び方

鬼始め●守りチームの合図でスタート
① バスケやサッカーのコート半面くらいの大きさの場所で行ないます。
② センターサークルの半円（約2m）に宝を置きます。
③ 3〜10人のチームを2つつくり、攻めと守りに分かれます。ただし、攻めの人数を1人多くします。
④ 攻めチームは宝を取りにいき、守りチームは両手タッチで防ぎます。
● 守りチームは円の中には入れない
● タッチされたら外に出て、エンドラインからもう一度入る
⑤ 時間（10〜20秒）を決め、宝を取るか守りきるかで勝敗をつけます。
⑥ 攻めと守りを交代して続けます。

例：守り3　対　攻め4

❶ 攻めも守りも、声をかけあい協力しあってやろう。
❷ 戦略が大事です。どう攻め、守るか、作戦を練ろう。

対戦ゲームをしよう

慣れてきたら、攻めと守りを同時に行なうゲーム形式にしてみよう。
- バスケやサッカーのコート全面くらいの広さ
- 両手タッチされたらろうやに入り、味方のタッチで復活できる
- 時間内に先に宝を取った方が勝ち

宝取り鬼

気をつけよう
- 動き回るので、ぶつからないようにまわりをよく見よう。

低学年や幼児と遊ぶときは
- タッチは片手でもよいでしょう。

| 人数 | 4～5人×4チーム | 用意するもの | 宝×7つ（小さいペットボトル） |

宝集め

チーム対抗戦で、非常に盛り上がる鬼ごっこです。
4つの陣地に分かれ、7つの宝を取りあいます。
先に3つそろえたら勝ち！

基本の遊び方

鬼始め●審判の合図でスタート
① 4～5人のチームを4つつくります。
② 正方形の角を陣地にして、各チームがならびます。
③ 中央に宝を7つ置きます。（図1）

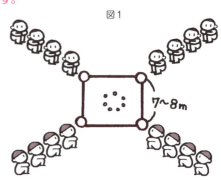

図1　7～8m

④ スタートの合図で、各チームから1人が宝を取りにいきます。（図2）
⑤ 宝を1つ取って陣地にもどり2番目にタッチ。2番目の人が宝を取りにいきます。
⑥ 中央の宝の残りは3つなので、取れなかった人は他の陣地に取りにいきます。（図3）
●このとき、自分の陣地に取りにきた人を邪魔してはいけません。
⑦ 3番目からは他の陣地との取りあいになります。早く宝を3つそろえたチームが勝ちです。

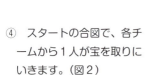

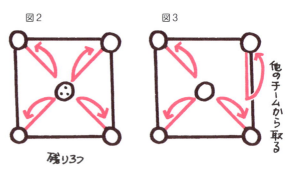

図2　残り3つ　図3　他のチームから取る

タッチ

❶ 自分のチームだけ見ていては勝てません。宝がそろいそうなチームから取ってくるなどしよう。
❷ チームで声をかけあい、どこがねらい目か教えてあげよう。

3色宝集め

3色の宝を7つ用意して、3色全部を集めるようにしよう。難易度が上がって楽しいよ。
- 色水をペットボトルに入れる
- シールで色分けするなど

早歩きで

早歩きでやってみてもおもしろい。また「△年生以上は早歩きで」とハンデをつけてもいいね。

気をつけよう
- 2人以上で宝を取りにいかない。
- 取りにきた人の邪魔をしない。

低学年や幼児と遊ぶときは
- 最初は大人（高学年）が手をつないで一緒にやってあげるとわかりやすい。

人数 鬼：1人〜　子：複数　宝を隠す人：1人　**用意するもの** 宝（いくつか）

宝探し鬼ごっこ

ぼくらはトレジャーハンター！
追っ手からのがれながら宝ものを見つけるぞ。そんな気分を味わえる鬼ごっこです。

基本の遊び方

鬼始め●鬼が10数えたらスタート

① 鬼1人、宝を隠す人1人を決め、他は子になります。
② 隠す人がエリア内に宝を隠します。（宝はいくつでもよい）
③ スタートの合図で、子は宝を探しにいき、鬼は子をタッチしてつかまえます。
④ 時間内に宝を全部見つければ子の勝ち。途中で全員がつかまったら鬼の勝ちです。

❶ 子は鬼から逃げながら宝を探さなければなりません。注意力が大事だよ。
❷ すぐに見つからない場所に宝を隠すとおもしろい。

チーム対抗戦
宝を1つ隠し、先に見つけたチームが勝ち。

ポイントで争う
宝ごとに点数をつけ、合計得点の多いチームが勝ち。

気をつけよう
- 他の人に迷惑がかからないようにやろう。

低学年や幼児と遊ぶときは
- 見つけやすいところに宝を隠すとよいでしょう。

宝探し鬼ごっこ

| 人数 | 3〜5人×2チーム | 用意するもの | 宝×2つ |

Sケン

****

ケンケンしながら相手陣地に攻めこみ、
宝を取りあう鬼ごっこです。
作戦会議をしてチームワークよく遊ぼう！

基本の遊び方

鬼始め● どちらかのリーダーの合図でスタート
① 地面に大きくS字をかき、両方の陣地の奥に宝を置きます。
② 2チームに分かれて、それぞれの陣地に入ります。
③ スタートの合図で相手の陣地を攻めます。陣地は出入口から出入りします。
● S字の中、島（安全地帯）の中では両足をついてよい。それ以外はケンケンで移動する
● 相手を押したり引いたりしてよい（やさしくね）
【アウトになるとき】
✕ 両足をつく
✕ S字を踏む、超える
✕ S字に引っぱりこまれる、または押し出される
④ 先に相手の宝を取った方が勝ち。

❶ だれが攻めてだれが守るか、しっかり作戦会議をして役割分担を決めよう。
❷ 力の弱い子を助けるなど、みんなが楽しく遊べるように力を合わせよう。

片手タッチで

押す・引っぱるかわりに、片手タッチでやってみよう。タッチされたり両足をついたら、自陣に戻って再スタートします。

気をつけよう
- 乱暴に押したり引っぱらないようにしよう。
- 夢中になりすぎてケガをしないようにね。

低学年や幼児と遊ぶときは
- ケンケンができない子もいます。最初は両足をつけてやるとよいでしょう。

人数　鬼：1人　子：複数

戦略鬼

****

子はタッチされないように配置し、
鬼は制限歩数以内で全員にタッチできるかで勝敗を決めます。
子は動かない、頭脳戦の鬼ごっこです。

障害物が
あると
おもしろい

基本の遊び方

鬼始め●鬼の1歩目が鬼始め

① 遊ぶ範囲を決め、子の人数に合わせて「鬼が子をつかまえにいける歩数」を決めます。（例：10〜20歩）。
② 鬼1人と子に分かれます。
③ 子は相談して、決めた歩数で全員がタッチされないように配置して立ちます。
④ 鬼は制限歩数以内でタッチします。
⑤ 全員にタッチできれば鬼の勝ち。できなければ子の勝ちです。

❶ 動きがほとんどない鬼ごっこです。子はスペースと歩数をイメージして配置を考えよう。鬼はタッチしにいく順番やコースをよく考えよう。

広さや場所を変える
範囲をせまくしたり広くしたり、公園の遊具を利用したり。歩数も変えて交代でやってみよう。

戦略鬼

気をつけよう	低学年や幼児と遊ぶときは
●他の人の迷惑にならない場所でやろう。	●子の人数を減らしてやるとよいでしょう。

| 人数 | 複数×2チーム | 用意するもの | ビブスなど×人数分 |

巴陣取り

じゃんけんのような関係で2チームが戦う鬼ごっこ。
逃げて追いかけて、相手チームのリーダーをつかまえよう。

基本の遊び方

★
★
★
★
★

鬼始め● どちらかのリーダーの合図で
スタート

① 2チームに分かれ、じゃんけんのように3つの役割を決めます。
② それぞれのチームでリーダーを1人決めます。
③ スタートの合図で鬼ごっこを始め、早く相手のリーダーにタッチした方が勝ち。

外見で
すぐわかる
ようにしよう

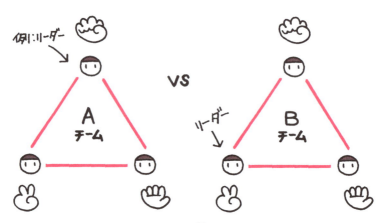

❶ みんなで協力し、チームワークよく戦おう。
❷ どの役割の人を追いかけ、どの役割の人に追われるか、常に意識しながら判断して動こう。

役割の人数を変えると、さらにむずかしく、おもしろくなるよ。

グー……3人　　チョキ……5人
パー……2人　　など

巴陣取り

気をつけよう
● 考えることが多いので、まわりをしっかり見てぶつからないようにしよう。

低学年や幼児と遊ぶときは
● 2つの役割から始めるとよいでしょう。

※本書は、2018年2月小社より刊行された図書館版スクール鬼ごっこ
『鬼ごっこを楽しむ』『鬼ごっこはスポーツだ』を再構成したものです。

【著者紹介】一般社団法人 鬼ごっこ協会

遊びとスポーツの融合を目ざした方法論を展開しており、幼児からお年寄りまで愛されている鬼ごっこや、協会オリジナルで開発したスポーツ鬼ごっこの普及に努めている。

【執筆】

羽崎 泰男（はざき　やすお）

（一社）鬼ごっこ協会代表理事。

日本体育大学卒業、ペンシルバニア州立大学大学院MS取得。1984年より国立総合児童センター「こどもの城」に勤務、体育事業部長、企画部長、事業本部長を歴任。現在、城西国際大学福祉総合学部兼任講師。2015年より厚生労働省 社会保障審議会児童部会「遊びのプログラム等に関する専門委員会」委員。NHKプロモーション講演会講師。著書『鬼ごっこ』（日本小児医事出版）『元気いっぱい！鬼ごっこ50』（ひかりのくに）など

羽崎 貴雄（はざき　たかお）

（一社）鬼ごっこ協会理事（公認S級ライセンス指導員・審判員）。国際スポーツ鬼ごっこ連盟理事長。

青山学院大学経済学部卒業後、（一社）鬼ごっこ協会を2010年に設立して理事に就任する。協会では事業統括を担当する。2014年に国際スポーツ鬼ごっこ連盟設立、理事長に就任し、スポーツ鬼ごっこの国際化に向けた活動に従事している。

平峯 佑志（ひらみね　ゆうし）

（一社）鬼ごっこ協会（公認S級ライセンス指導員・審判員）。国際スポーツ鬼ごっこ連盟事務局長。

日本大学法学部卒業。鬼ごっこ協会設立前の大学在学中に鬼ごっこの普及活動に参画する。事務方の責任者として、鬼ごっこの普及のための営業、広報、イベント企画を行う。2014年に国際スポーツ鬼ごっこ連盟の設立に際して事務局長に就任する。

イラスト●桜木恵美
DTP●渡辺美知子デザイン室

＊＊＊＊＊＊＊＊＊＊＊＊＊＊＊＊＊＊＊＊＊＊＊＊＊

まるごと鬼ごっこ

2018年3月12日　第1刷発行

著　者●一般社団法人 鬼ごっこ協会©
発行人●新沼光太郎
発行所●株式会社いかだ社
　　　　〒102-0072東京都千代田区飯田橋2-4-10加島ビル
　　　　Tel.03-3234-5365　Fax.03-3234-5308
　　　　E-mail info@ikadasha.jp
　　　　ホームページURL　http://www.ikadasha.jp/
　　　　振替・00130-2-572993
印刷・製本　モリモト印刷株式会社

乱丁・落丁の場合はお取り換えいたします。
Printed in Japan
ISBN978-4-87051-496-6
本書の内容を権利者の承諾なく、営利目的で転載・複写・複製することを禁じます。

＊＊＊＊＊＊＊＊＊＊＊＊＊＊＊＊＊＊＊＊＊＊＊＊＊